Le français universitaire

de la phrase au texte
de la lecture à l'écriture
de l'imitation à la création

Yumi TAKAGAKI

SURUGADAI-SHUPPANSHA

本書には Modèle, Thème, Exercice を吹き込んだ別売り
テープ（C60本体2000円＋税）があります．実際に聞いて
大いに役立てて下さい．

はじめに

　本書『大学生のためのフランス語』は読み書きを重視した中級レベルの教材である．主として，基礎的な文法事項を学び終えた大学2年生を対象としているが，1年生の後期から文法の授業と平行しても使用できるし，また3年生以降で復習を兼ねながらの授業にも耐えられるように内容を工夫してある．

　本書はその副題が示すように，
　1．文から文章へ
　2．模倣から創造へ
　3．読解から表現へ
を特色としている．

　基礎の文法をしっかり学べば，かなり文を作れるようになる．しかし文法的に正しい文の単なる寄せ集めでは，コミュニケーションは成立しない．文と文がうまく関連づけられ，全体としての構造がなければまとまりを持った文章にはならない．実際日本人の書くフランス語の文章は，「何となく焦点がずれている」「一貫性を欠く」「結局何が言いたいのかよくわからない」といった印象をフランス人に与えることが多い．これは日本語とフランス語では文章の運び・構成の仕方にかなりの差があるためである．

　文のレベルで文法があるように，文章のレベルでも文法・慣習がある．フランス語の上達のためには，文の構成法をマスターするだけでは不十分で，文章構成のルールも身につけねばならない．

　では具体的にはどうすればフランス語らしい文章が書けるようになるのだろうか．「書く」という作業はゼロから出発するのではなく，既存の規範・型を学ぶことが大切である．そのための中級レベルでの基本的な作業として，

まずフランス的な構成の文章をよく読む．次に読んだ文章をモデルとして，そのモデルをまね，今度は自分が発信・創造する．「書く」行為を「読み」と結びつけ，徹底的に模倣することで日本的な文章構造を排し，次第にフランス的な文章構成で表現できるようになってくる．

各課は以下のように構成されている．

最初に置いてある Modèle はその課の中心となる文章である．本書のタイトル『大学生のためのフランス語』が示すように，大学生が国際語としてのフランス語を学び，近い将来社会人となった時に役に立つ内容，ある程度の実用性を重視しつつ，知的刺激が得られる題材である．学習者が時間をかけて精読する対象は，それに耐えうるだけの知的内容が，模範とすべきフランス語で書かれていなければならない．本書はこの点で文章，文体を厳選してあるうえ，さまざまなジャンル・文体の文章を配して単調さを避けている．特に論理的な思考力の養成を重視し，内容が文学的なものに偏らないよう理系の学生にも十分配慮してある．さらに初級から中級への橋渡しがスムーズにいくように，基本的に文章は易から難へと配列し，長さも次第に長くしてある．

ポイントは中級のレベルで知っておくべき大切な点をあげ，場合によっては解説してある．文法から語彙，テクストの構造にいたるまで幅広い内容を網羅し，一見ばらばらなようであるが，それは中級レベルでの学習内容の多様性がそのまま反映されているからである．中級レベルで知っておくべき点を厳選し，さらに既存の教科書では見落とされている内容を積極的に入れてある．

Exercice は Modèle の中で特に注意してほしい部分を，練習問題を解くことによって定着させるためにある．新しい言語を学ぶ上で必要とされる能力の多様な開発を目指すため，学習内容に応じて練習形式も変えてある．

Thème は Modèle の文章中で習得してほしい表現を，作文によって学ぶためにある．和文仏訳は伝統的な学習方法だが，構文の習得にはきわめて効

果的である．

　Matrice は単文の作文ではなく，ある程度の長さの文章を書く練習である．Modèle の文章の基本的な構造を保持したうえで，学習者が一部は自由に書く．制限つきとはいえあくまで自己発信をめざし，各人が自由に表現する内容を選べる．最初は形式を模倣しながら，次第に自分で創造できるようになってゆくはずである．先のポイントの解説が意識的にフランス語のルールを教えることならば，この Matrice は，無意識のうちにフランス的文章の慣習を身につけるようにする訓練である．

　なお Modèle, Exercice, Thème を学習するうえで知っておかねばならない初級文法の項目をそれぞれ明記し，学習者の便宜を図ってある．

　以上の基本的な考えは，弘前大学における 2000 年度日本フランス語フランス文学会大会での筆者の研究発表に基づいている．理論的な背景に興味のある方は同会学会誌『フランス語フランス文学』第 79 号（2001 年）および日本フランス語教育学会誌『フランス語教育』第 28 号（2000 年）の拙稿をご覧いただきたい．

　本書の成立にあたっては様々な方々からご支援，ご協力をいただいた．その中でも特に以下の方々にはここで感謝の意を表したい．

　まず大阪府立大学のマリー＝フランソワーズ・パンジエ先生には，原稿の初期段階でフランス語の校閲とリライトをしていただいた．手間を惜しまず何度も書き直しの労をとって良心的な仕事をしてくださったうえ，フランス語教育の観点から貴重なご教示をいただいた．

　聖徳大学のクリスティアン・ブティエ先生には，原稿の最終段階での校閲と録音をしていただいたうえ，本文のフランス語に関して貴重なご意見をいただいた．

　第 2, 5, 10 課のクイズに関しては，東京理科大学理学部数学科の加藤圭一先生，及び元灘高校の多賀谷彊先生に校閲していただいた．両先生ともに

数学教育の点から貴重なご意見をくださり，さらに加藤先生は巻末の解説文もご執筆くださった．

　日本の大学におけるフランス語教育は英語教育の影響を無視できない部分がある．この点で参考になる英語教育の資料を，金蘭短期大学の浅井千晶先生からご提供いただいた．

　また巻末のクイズの解答につけたイラストは，大阪府立大学名誉教授の天羽均先生のご好意によるものである．

　最後に駿河台出版社の上野名保子編集長には，本書の出版にあたって解決しなければならない数々の問題点について懇切に教えていただいたうえ，読みやすい教科書をつくるための具体的なアドバイスをいただいた．

　もとより本書の不備な点はすべて著者の責任である．多くの方々のご意見，ご批判を賜れば幸いである．

　2001 年秋

　　　　　　　　　　　　　　　　　　　　　　　　　　　　高垣由美

Table des matières

Leçon 1 … 1	Modèle	フランス語を学ぶということ
	必要文法事項	不定法，比較
	ポイント	派生語関係を学んで語彙を増やす．
	練習問題	文法事項：関係代名詞 qui **Exercices**（派生語），**Thèmes**（比較，*c'est* ...），**Matrice**
Leçon 2 … 5	Modèle	クイズ
	必要文法事項	関係代名詞 qui，人称代名詞強勢形，代名動詞
	ポイント	名詞の言い換え
	練習問題	文法事項：複合過去，過去分詞 **Exercices**（名詞の言い換え），**Thèmes**（*autre*）
Leçon 3 … 8	Modèle	履歴書
	ポイント	自分について正確な情報を述べる．
	練習問題	**Exercices**（反意語），**Matrice**
Leçon 4 … 12	Modèle	科学の参考書
	ポイント	接続表現
	練習問題	文法事項：非人称，半過去，受動態，条件法，強調構文，使役，指示代名詞 celui **Exercices**（接続表現），**Matrice**，**Thèmes**（*tel que*）
Leçon 5 … 16	Modèle	天然シャンプーの作り方
	ポイント	指示の出し方
	練習問題	文法事項：関係代名詞 dont・que，命令法，単純未来，疑問代名詞 lequel，現在分詞，接続法，中性代名詞 y **Exercices**（命令），**Matrice**，**Thèmes**（*sinon*）

Leçon 6	Modèle	フランス第五共和国憲法
… 20	ポイント	フランス語は繰り返しを嫌う.
	練習問題	文法事項：中性代名詞, 所有代名詞, 過去分詞の一致, 大過去
		Exercices I (代名詞), Exercices II (代名詞, 文の並び替え), Thèmes (代名詞)
Leçon 7	Modèle	新聞記事
… 24	必要文法事項	複合過去, 半過去, 非人称, 大過去
	ポイント	時制の使い分け
	練習問題	文法事項：疑問形容詞 quel, 関係代名詞 où
		Exercices I (時制の使い分け), Exercice II (時制の使い分け), Matrice
Leçon 8	Modèle	辞書の項目
… 28	必要文法事項	現在分詞, 過去分詞
	ポイント	フランス的定義
	練習問題	Exercices I (修飾語), Exercices II (名詞の修飾方法), Matrice, Thèmes (定義の仕方)
Leçon 9	Modèle	手紙
… 32	必要文法事項	関係代名詞 que・dont, 単純未来
	ポイント	手紙の書き方
	練習問題	Matrice, Exercice (文体), Thèmes (無生物主語)
Leçon 10	Modèle	数学クイズ
… 37	必要文法事項	受動態, 関係代名詞 lequel
	ポイント	主語倒置構文
	練習問題	文法事項：単純過去
		Exercices (主語倒置), Thèmes (*comme*)

Leçon 11 ... 41	Modèle	会話
	必要文法事項	条件法，ジェロンディフ，接続法
	ポイント	句読点
	練習問題	**Thème**（句読点），**Exercices**（内容理解）
Leçon 12 ... 45	Modèle	受験用ガイドブック
	必要文法事項	使役，中性代名詞
	ポイント	呼応表現
	練習問題	**Exercices I**（呼応表現），**Matrice I**, **Exercice II**（列挙），**Matrice II**
Leçon 13 ... 49	Modèle	散文詩
	必要文法事項	指示代名詞 celui
	ポイント	自分の体験を物語る．
	練習問題	**Matrice**, **Exercices**（名詞と形容詞の結びつき），**Thèmes**（接続法）
Leçon 14 ... 52	Modèle	論説文
	ポイント	論理的な文章の構造 (1)：主題文
	練習問題	**Exercice**（文章構成），**Thèmes** (*même*), **Matrice**
Leçon 15 ... 55	Modèle	論説文
	必要文法事項	強調構文，疑問形容詞 quel，関係代名詞 où
	ポイント	論理的な文章の構造 (2)：結論文
	練習問題	**Exercice I**（文章構成），**Exercice II**（主題文・結論文），**Matrice**
Appendice ... 59		クイズの解答

Leçon 1

語彙を増やす

Modèle [フランス語を学ぶということ]（不定法，比較）

Neuf raisons pour apprendre le français

1. Parler français, c'est pouvoir voyager en Europe, en Afrique, au Canada.

2. Le français est une langue de culture : il ouvre une porte sur l'art, la musique, la danse, la mode, la cuisine et le cinéma.

3. Apprendre le français, c'est pouvoir mieux comprendre les autres et leur culture.

4. Apprendre une nouvelle langue, c'est développer son sens créatif et son esprit critique.

5. Le français ouvre une porte sur un monde d'événements sportifs passionnants.

6. Pratiquer le français, c'est enrichir son vocabulaire en anglais.

7. Le français est la langue de nombreux chefs-d'œuvre de la littérature.

8. Parler français, c'est pouvoir accroître ses opportunités professionnelles et ses prétentions salariales.

9. Apprendre le français, c'est être mieux armé pour faire face aux enjeux de la mondialisation.

ポイント 派生語関係を学んで語彙を増やす．

Exercices 例にならって派生関係にある語を下線部に書きなさい．

Exemple : voyager → le voyage　　　　　　動詞→名詞

1) ouvrir → l' _____　　動詞→名詞

2) comprendre → la _____　　動詞→名詞

3) développer → le _____　　動詞→名詞

4) pratiquer → la _____　　動詞→名詞

5) accroître → l' _____　　動詞→名詞

6) l' _____ → armer　　名詞→動詞

7) l'Europe → _____　　名詞→形容詞

8) l'Afrique → _____　　名詞→形容詞

9) le Canada → _____　　名詞→形容詞

10) la culture → _____　　名詞→形容詞

11) l'art → _____　　名詞→形容詞

12) la musique → _____　　名詞→形容詞

13) la _____ → critique　　名詞→形容詞

14) le _____ → sportif　　名詞→形容詞

15) la _____ → passionnant　　名詞→形容詞

16) le _____ → nombreux　　名　詞→形容詞

17) la littérature → _____　　名　詞→形容詞

18) la _____ → professionnel　　名　詞→形容詞

19) le _____ → salarial　　名　詞→形容詞

20) _____ → enrichir　　形容詞→動　詞

21) _____ → la _____　　動　詞→名　詞
　　→ créatif　　　　　　　　　　　　　→形容詞

22) le monde → _____ → la mondialisation
　　　　　　　　　　　　　　　　　　名　詞→形容詞→名　詞

Thèmes （関係代名詞 qui）

(1) 東京に住むのはニューヨークに住むよりも2倍高くつく．

(2) 香水とは心地よいにおいを発散する (répandre) 製品のことである．
　　（ヒント：c'est ... を用いる．）

(3) アフリカの20を超える国で，フランス語はビジネスの公用語となっている．

(4) 毎年フランスを訪れる人の数は，フランスの人口よりも多い．

Matrice

(1) Modèle の文をまねて、フランス語を学ぶ理由を自分で考えて書きなさい．

(2) Modèle の文をまねて、日本語を学ぶ利点を外国人にアピールしなさい．

Parler japonais, c'est _____.

Apprendre le japonais, c'est _____.

Le japonais est _____.

Leçon 2

名詞の言い換え

Modèle [クイズ]（関係代名詞 qui, 人称代名詞強勢形, 代名動詞）

> Deux voyageurs possèdent, l'un deux pains, l'autre trois pains. Pour déjeuner, ils décident de mettre en commun leur nourriture et de la partager.
>
> Arrive un troisième voyageur qui lui ne possède aucun pain*. Il accepte de partager le déjeuner avec ses deux compagnons et pour les remercier leur donne cinq euros.
>
> Comment les deux premiers voyageurs doivent-ils se partager ces cinq euros ?

＊主語が倒置されて動詞の後にきている．主語倒置文については Leçon 10 参照．

（解答は巻末参照）

 **名詞の言い換え**

　Modèle の文章では 1 つの名詞を別の表現で言い換えている (pains → leur nourriture → le déjeuner, deux voyageurs → ses deux compagnons). フランス語では同じ名詞を繰り返すことを嫌うので，代名詞で置き換えたり (Leçon 6 参照)，このように別の名詞で言い換える．

　他の例を挙げると，日本の総理大臣なら le Premier ministre japonais とする以外に，le numéro un nippon（日本のナンバー1），le chef du gouvernement（政府の長）などが可能である．日本の国は l'archipel（列島），le pays du Soleil Levant（日出ずる国）がジャーナリズムではよく使われる．またこのように固定した表現以外に，記事の内容によって新しい言い換え表現が生み出される．例えば日本はアメリカから見れば leur allié（同盟国）であり，中国の立場からは son voisin insulaire（隣の島国）とも呼ばれる．

Exercices

下線部が同じものを指していることに注意して読みなさい．

1) Un chêne se dresse devant la maison. L'arbre empêche de voir le toit.

2) La ville d'Osaka est, depuis le Ve siècle, une porte d'accès au Japon, et elle est aujourd'hui, en tant que deuxième ville de l'archipel, le centre culturel et économique de la partie ouest du pays.

3) Le chasseur fixe le sanglier. L'animal n'a pas peur.

4) René a toujours beaucoup de choses à faire et il est souvent en retard à ses rendez-vous. Mais le mathématicien trouve toujours du temps pour aider un élève, répondre à la dernière question d'un journaliste ou raccompagner une

amie en voiture. Comment réussit-il cette dilatation du temps ? Mystère. D'autant que l'homme prend aussi le temps de vivre. Il ne refuse pas une randonnée à bicyclette dans les Alpes et, le soir venu*, le travail peut bien attendre si la compagnie est agréable et le vin bien choisi.

* le soir venu 「夜が来ると」（絶対分詞節）

5)（複合過去，過去分詞）

　Les Normands appelés Vikings sont venus du Danemark, de Norvège et de Suède. Leur expansion vers le Sud est due à la surpopulation, au goût de l'aventure et également au mécontentement ressenti devant les conditions politiques de leur pays. En France, ils s'emparent de Bordeaux, de Toulouse, de Rouen, de Tours. Ils mettent le siège devant Paris en 885 ; la ville doit payer un lourd tribut.

Thèmes

un(e) autre, l'autre, les autres, d'autres をそれぞれ 1 回ずつ使いなさい．

(1) それは別問題だ．

(2) 一方 (l'un) が他方を攻撃する．

(3) 高速列車 (T. G. V.) はいつも定刻通りに来る．しかし残りの列車は時たま (parfois) 遅れて着く．

(4) 犬が好きな人 (certains) もいれば，むしろ猫の方が好きな人もいる．

Leçon 3

正確な情報を述べる

Modèle [履歴書]

CURRICULUM VITÆ [1]

1. État civil
Nom : DURANT [2]
Prénom : Alain
Date et lieu de naissance : 22 avril 1962 à Montpellier
Nationalité : française [3]
Situation de famille : marié, un enfant
Adresse : 3, avenue Général Bonaparte, 51100 Reims [4]
Téléphone : 03. 26. 47. 52. 12 [5]

2. Formation universitaire [6]
1985/1986   Diplôme d'Études Approfondies (D. E. A.) de Sciences du Langage, mention Très bien [7] (Université de Paris VIII)

1983/1984 : Maîtrise de Sciences du Langage, mention Bien (Université de Paris VIII)

1980/1983 : Licence de Sciences du Langage, mention Assez bien (Université de Paris III)

3. Expériences professionnelles / stages
Depuis 1990 : Professeur de français au Collège Stendhal de Reims

1986/1990 : Professeur de français à l'Institut franco-

japonais de Kyoto
1984/1985 : Responsable des ventes aux Editions de Midi
Du 1er juillet au 30 septembre 1984 : Stage à la Chambre de Commerce et d'Industrie de Paris
Du 1er juillet au 31 août 1983 : Animateur au Centre de Linguistique Appliquée de Lyon

4. Langues
Langue maternelle : français
Langues étrangères : anglais (courant), espagnol (courant), japonais (notions)

1) ラテン語で履歴書という意味．発音は [kyrikylɔmvite]．C. V.と略す．
2) 姓はすべて大文字で書くことがある．
3) 男性の履歴書の場合でも，女性名詞 nationalité に一致させて française とする．
4) 住所は番地・通りの名・郵便番号・都市名の順に書く．
5) 電話番号は2桁ずつ区切って zéro trois, vingt-six, quarante-sept, cinquante-deux, douze のように読む．
6) 年代は新しいものからさかのぼって書かれていることに注意．日本のように旧新の順に書くことも可能．
7) 成績は普通 très bien（秀），bien（優），assez bien（良），passable（可）の基準で評価される．

自分について正確な情報を述べる．

Exercices

下線部に反対の意味，または対になる語を書きなさい．

1) la naissance ⇔ _____

2) marié ⇔ _____ あるいは _____

3) la vente ⇔ _____

4) maternel ⇔ _____

Matrice

Modèle の履歴書をまねて，今から 7 年後の自分の履歴書を想像して書きなさい．

CURRICULUM VITÆ

1. État civil

Nom :

Prénom :

Date et lieu de naissance :

Nationalité :

Situation de famille :

Adresse :

Téléphone :

2. Formation universitaire

3. Expériences professionnelles/stages

4. Langues
Langue maternelle :
Langues étrangères :

Leçon 4

接続表現

Modèle ［科学の参考書］

Une vitamine essentielle, la vitamine C

La vitamine C fait partie des vitamines indispensables au bon fonctionnement du corps humain. Elle est nécessaire à certains organes comme le foie, les intestins et le cerveau. Cependant, l'homme* est incapable de la fabriquer dans son organisme. Il doit donc la trouver dans des aliments tels que les fruits et les légumes frais.

* homme：ここでは「男」ではなく「人」一般を指す．このような用法は féminisme（女権拡張論）の立場から，（特にフランス以外のフランス語圏で）非難されることも多いが，今のところは homme(s) で人類一般を指すことはよくある．このあたりの言語に対する考え方は英語圏とはかなり違う．

ポイント　接続表現

　フランス語では，ある文がそれ以前の文とどのような関係にあるのかを，はっきりと言葉で明示することが好まれる．その最も有効な手段が接続表現である．Modèle の文章の本文 5 行目 cependant や 6 行目の donc といった接続表現は，文法的にはなくてもよい．しかしこれらがあることによって，文と文との間の関係が明確になり，わかりやすい文章になっている．（特に論理的な文章の）フランス語を書くときには意識して接続表現を用いるようにしよう．

Exercices

　選択肢から適当な接続表現を選んで下線部に入れなさい．なお選択肢では文頭にくる語も小文字で始めてある．

1) （非人称，複合過去，半過去）

　　選択肢　car, et, donc, mais, or

   a) L'homme travaille __[1]__ l'enfant joue.
   b) Je ne suis pas sortie, __[2]__ il faisait trop chaud.
   c) L'homme est mortel ; __[3]__ je suis un homme ; __[4]__ je suis mortel.
   d) Il fait beau, __[5]__ il y a un peu de vent.

2) （非人称，受動態）

　　選択肢　en effet, néanmoins, par conséquent

   a) Évelyne part tous les matins très tôt. __[6]__ , elle doit arriver à huit heures au bureau.
   b) Il pleut, __[7]__ le projet de promenade est abandonné.
   c) La foule est dense, __[8]__ Marie-Laure se sent seule, isolée dans un monde indifférent.

3) ［断想］（条件法，強調構文，使役）

選択肢　car, cependant, et, mais

Misère. La seule chose qui nous console de nos misères est le divertissement, et [9] c'est la plus grande de nos misères. [10] c'est cela qui nous empêche principalement de songer à nous, et qui nous fait perdre insensiblement. Sans cela*, nous serions dans l'ennui, [11] cet ennui nous pousserait à chercher un moyen plus solide d'en sortir. [12] le divertissement nous amuse, et nous fait arriver insensiblement à la mort.

*　sans cela:「もしそれがなかったとしたら」．事実に反する仮定の条件を表す．この後の動詞は条件法．

(Pascal, *Pensées*, 171)

Matrice

Modèle の文章をまねて，以下の下線部を埋める形で自由に文章を作りなさい．

_____．

Cependant _____．

_____ donc _____．

Thèmes　（指示代名詞 celui）
tel que を使って表現しなさい．

(1) フランス人にとって，スペイン語やイタリア語のような言語は日本語よりも学びやすい．

(2) タイでは 1997 年のような経済危機 (une crise économique) が危惧 (redouter) されている．

(3) その外交官は事実をありのままに報告する．

Leçon 5

指示の出し方

Modèle　［天然シャンプーの作り方］

Shampooing à l'œuf

Ingrédients : 1 œuf, 50 ml d'eau minérale non gazeuse

Battre l'œuf et l'eau dans le mixer. Verser le mélange sur les cheveux mouillés. Masser longtemps. Rincer à l'eau tiède.

Attention : l'eau ne doit pas être trop chaude, sinon l'œuf prend !

 指示の出し方

　指示を出すのに使われる表現として，まず思いつく形が命令法である（Exercice 2) 参照）．しかしそれ以外にもいろいろな方法がある．数学の練習問題，料理のレシピ，製品の使用説明書などの書き言葉では，vous に対する命令法と同様に不定法が頻出する（Exercice 1), Matrice 参照）．また単純未来形も命令に使われることがある（Exercice 3) 参照）．

Exercices 指示を出す表現に注意して読みなさい.

1) [数学の問題]（関係代名詞 dont）

Trouver deux nombres entiers* consécutifs dont la somme est 171.

* nombre entier : 整数

2) [上司が秘書に命令する場面の会話]（命令法，単純未来，使役，中性代名詞 y）

Dites à Martin de recueillir des informations sur cet accident. Ensuite, envoyez des condoléances aux parents de M. Nouvelle. Vous écrirez la lettre. Mais je veux y ajouter quelques mots moi-même. Et puis faites venir Boris ici immédiatement.

3) [会話]（単純未来）

Non ! Non ! Tu ne parleras pas ! Je te dis que c'est un secret. Tu ne parleras pas !

4) [数学クイズ]（疑問代名詞 lequel，現在分詞，関係代名詞 que，過去分詞）

Soient* deux verres contenant en égale quantité l'un de l'eau, l'autre du vin. À l'aide d'une cuillère, on prend une quantité d'eau que l'on verse dans le vin. Du mélange ainsi obtenu dans le deuxième verre, on prend une cuillère que l'on verse dans l'eau.

　　R1. Il y a plus d'eau dans le vin que de vin dans l'eau.
　　R2. Il y a plus de vin dans l'eau que d'eau dans le vin.
　　R3. Il y a autant de vin dans l'eau que d'eau dans le vin.
Laquelle de ces réponses est la bonne ?

* soient：（仮定として与えられる条件を述べるための導入句）〜とする

（解答は巻末参照）

5) [フランス国歌 l'hymne national]（命令法，複合過去，接続法）

LA MARSEILLAISE

Allons, enfants de la patrie,
Le jour de gloire est arrivé !
Contre nous de la tyrannie
L'étendard sanglant est levé !
Entendez-vous dans les campagnes
Mugir ces féroces soldats ?
Ils viennent jusque dans nos bras
Égorger nos fils, nos compagnes.
Aux armes[1], citoyens, formez vos bataillons !
Marchons ! Marchons !
Qu'un sang impur abreuve[2] nos sillons !

1) Aux armes：（命令を表す）
2) que＋接続法の文で祈願を表す．「〜でありますように」

（中性代名詞 y）

Modèle の文章をまねて，ミルク・シェークの作り方を説明しなさい．
(1) 下線部にあてはまる語句を選択肢から選んで入れなさい．なお選択肢では文頭にくる語も小文字で始めてある．
(2) 文章全体を命令法を使って書き換えなさい．

　　選択肢　ajouter, battre, le lait, le sucre, verser

Ingrédients : 1 jaune d'œuf, 1 verre de lait, 1 cuillerée à soupe de sucre, 1 goutte de rhum

[1] le jaune d'œuf, [2] et [3] dans le mixer. [4] le mélange dans un verre. Y [5] le rhum. Servir glacé.

Thèmes

sinon を使って表現しなさい.

(1) 1 人で出発してはいけない. 私といっしょにここに戻って来るのだ. でないと危険だ.

(2) 自分の仕事を終えなさい. そうでなければ映画へ行ってはいけない.

Leçon 6

繰り返しを嫌う

Modèle ［フランス第五共和国憲法］

Article 1

La France est une République indivisible, laïque, démocratique et sociale. Elle assure l'égalité devant la loi de tous les citoyens sans distinction d'origine, de race ou de religion. Elle respecte toutes les croyances.

Article 2

La langue de la République est le français.
L'emblème national est le drapeau tricolore, bleu, blanc, rouge.
L'hymne national est la Marseillaise.
La devise de la République est Liberté, Égalité, Fraternité.
Son principe est : gouvernement du peuple, par le peuple et pour le peuple.

ポイント　フランス語は繰り返しを嫌う

日本語の文章では同じ名詞を繰り返してもあまり問題はない．ことに Modèle でとりあげた法律の条文の場合など，決して「フランス」を「それ」と言い換えたりはしない．ところがフランス語では，日本語より同じ名詞の繰り返しを嫌う．それを避けるために Leçon 2 のように，別の名詞で置き換えることも可能だが，もっと一般的には代名詞に置き換え，その代名詞を繰り返す．

Exercices I

下線部の名詞を適当な代名詞に置き換えなさい．

1) Le Premier Ministre dirige l'action du Gouvernement. <u>Le Premier Ministre</u> est responsable de la Défense Nationale. <u>Le Premier Ministre</u> assure l'exécution des lois.

2) （中性代名詞）

   J'ai fait du pain hier. Tu veux <u>du pain</u> ? – Oui.

3) （中性代名詞）

   Julia, tu connais Londres ? – Non, je ne suis jamais allée <u>à Londres</u>.

4) L'écrivain écrit, car pour <u>l'écrivain</u> c'est valorisant.

5) （所有代名詞，複合過去，過去分詞の一致）ヒント：所有代名詞と直接目的補語人称代名詞を用いること．

   Ma montre est plus vieille que <u>ta montre</u> ; <u>ta montre</u>, tu as acheté <u>ta montre</u> il y a deux ans ; <u>ma montre</u>, je tiens <u>ma montre</u> de mon père.

6) （指示代名詞 celui）

   La technique de ces artistes est différente de celle de

leurs contemporains. <u>Leurs contemporains</u> juxtaposent des couleurs complémentaires.

7) [小説]（中性代名詞，大過去，非人称）

Il avait travaillé dans les mines avant d'être aveugle. C'est pour cela sans doute qu'il était devenu <u>aveugle</u>, car il n'est pas sain de ne jamais voir la lumière du jour.

(Philippe, *Les Deux Mendiants*)

Exercices II

代名詞に注意しながら，a) – c) あるいは a) – d) を正しい順に並べ，筋の通った文章にしなさい．

1) [天然化粧水の作り方]（使役）

　a) Faites-les bouillir dans du vin blanc.

　b) Lavez-vous bien le visage avec ce liquide.

　c) Prenez des pétales de rose.

2) [科学の参考書]

　a) Comment peut-on les séparer pour obtenir de l'eau pure ?

　b) Elle contient des corps en suspension et des substances dissoutes.

　c) Une eau de rivière est un mélange.

3) [科学の参考書]（受動態）

　a) Certains corps éclairés se transforment sous l'action de la lumière.

　b) Elle se propage à grande vitesse à travers les milieux transparents et éclaire les objets.

　c) Ils peuvent servir de détecteurs.

d) La lumière est émise par une source.

ヒント：代名詞以外に，a) の éclairés と b) の éclaire による語彙的なつながりにも注意．

Thèmes [フランス第五共和国憲法]

(1) 第15条

共和国大統領 (Le Président de la République*) は，軍の長である．共和国大統領は，国防高等評議会および国防高等委員会 (les conseils et comités supérieurs de la Défense Nationale) を主宰する (présider).

＊フランス大統領の正式名称

(2) 第20条

政府は国家 (la Nation) の政策を決定し，かつ導く (conduire)．政府は，行政 (l'administration) および軍事力 (la force armée) を掌握する (disposer).

Leçon 7

時制の使い分け

Modèle　[新聞記事]（複合過去，半過去，非人称，大過去）

Charles Trenet est mort

Le « fou chantant » s'est envolé dans la nuit du dimanche 18 au lundi 19 février 2001, à l'hôpital de Créteil, des suites [1] d'une attaque cérébrale. Il était âgé de 87 ans. Auteur de quelque 800 chansons, dont [2] « la Mer », « Je chante », « Douce France », « Que reste-t-il de nos amours ? », il avait donné ses derniers concerts à Paris en novembre 1999.

1) des suites de :（死亡原因を表す）
2) dont... : その中には... がある．

ポイント　時制の使い分け

　フランス語では日本語よりも過去の表現が豊かである．この記事の中でも3つの過去時制の使い分けがある．まず記事の中心となる死亡という出来事が冒頭に複合過去で述べられている (Le « fou chantant » s'est envolé...)．この死亡時が時間軸上の基準点となって時制の使い分けが生じる．この基準点と同じ時の状態は半過去で表現され (Il était âgé de 87 ans.)，この基準点よりも前の出来事は大過去で表されている (il avait donné...)．日本語でこれらのニュアンスを正確に訳し分けることは困難だが，フランス語ではきちんと区別して使えるようにしよう．

Exercices I   時制に注意して読みなさい.

1) [画家へのインタビュー]（疑問形容詞 quel，受動態，過去分詞の一致）

   – *Monsieur, vous êtes connu pour vos peintures richement colorées. Mais quel est le rôle du dessin dans votre travail ?*

   – Toute ma vie, j'ai énormément dessiné. Mais les seuls dessins poussés que j'ai réalisés, c'était à Londres et c'était pour arrondir mon salaire de sous-directeur d'un musée. Il fallait, en effet, recevoir quelquefois 200 personnes, et comme je n'avais pas de budget pour organiser les réceptions, je faisais des dessins, que j'ai réussi à vendre. Autrement, le dessin a toujours été une forme de préparation d'un tableau. C'était une découverte des formes, une nécessité de fixer des choses vues pour pouvoir les rendre en peinture, parce que le regard devient plus aigu quand on dessine.

2) [小説]

   C'était une femme grande, bien faite, qui avait été la beauté du pays, comme on dit dans ces montagnes. Elle avait un certain air de simplicité, et de la jeunesse dans la démarche.

   (Stendhal, *Le Rouge et le Noir*)

3) [小説]（関係代名詞 où）

   Eugène De Rastignac avait un visage tout méridional, le teint blanc, des cheveux noirs, des yeux bleus. Sa tournure, ses manières, sa pose habituelle dénotaient le fils d'une famille noble, où l'éducation première n'avait comporté que des traditions de bon goût.

   (Balzac, *Le Père Goriot*)

Exercice II （強調構文）

[小説] 以下の文章は，かつて繁盛していた宿屋が，向かいにやって来た商売敵のために，すっかりさびれてしまった様子を語っている．冒頭の部分は昔の状態を，真ん中のイタリック体の文は過去のある日の出来事を，残りは現在の状態を述べている．下線部の動詞を適当な時制に活用させなさい．

Quand nous __[1] (être)__ seuls dans le pays, ce __[2] (être)__ différent : nous __[3] (avoir)__ le relais, des repas de chasse pendant le temps des macreuses*, des voitures toute l'année... *Mais depuis que les voisins* __[4] (venir)__ *s'établir, nous* __[5] (perdre)__ *tout.* Le monde __[6] (aimer)__ mieux aller en face. Chez nous, on __[7] (trouver)__ que c'est trop triste... Le fait est que la maison ne __[8] (être)__ pas bien agréable. Je ne __[9] (être)__ pas belle, je __[10] (avoir)__ les fièvres, mes deux petites sont mortes... Là-bas, au contraire, on __[11] (rire)__ tout le temps. C'est une Arlésienne qui __[12] (tenir)__ l'auberge, une belle femme avec des dentelles et trois tours de chaîne d'or au cou.

* macreuse : クロガモの一種

(Daudet, *Les Deux Auberges*)

Matrice

下の空欄を埋める形で，有名な女性の死亡記事を書きなさい．後半部分は故人の業績を自分で自由に考えて書きなさい．

_____ EST MORTE

_____(人名) s'est éteinte dans la nuit du _____(曜日, 日)

au _____(曜日, 日) _____(月, 年) , à _____(場所) , des suites

de _____(死亡原因) . Elle était âgée de _____(年齢) ans. [...]

Leçon 8

フランス的定義

Modèle　［辞書の項目］（現在分詞，過去分詞）

COUDE *n. m.* Articulation du bras et de l'avant-bras ; partie correspondante d'une manche de vêtement

INTELLIGENCE *n. f.* Faculté de comprendre, de connaître, de donner une signification, un sens

POT-AU-FEU *n. m.* Mets composé de viande de bœuf bouillie avec des carottes, des poireaux, des navets, etc.

UTOPIE *n. f.* Projet ou système irréalisable, fruit d'une imagination qui ne tient pas compte de la réalité

（『ラルース現代仏仏辞典』より）

ポイント　フランス的定義

　フランス語では物事を定義するときに，まずそのモノの属する分野を限定し，その後で詳しく述べていく方法をとる．例えば pot-au-feu ならばまず mets という範疇に属すると述べ，どんな mets かをその後に修飾語をつけて説明する．同様に「コンピュータ」ならば「機械」，「エイズ」ならば「病気」というように，大きく全体をとらえてから細部の叙述に移る．日本語が修飾語・被修飾語の語順で，細部から全体へと定義する傾向にあるのとは反対である．

Exercices I

与えられた日本語の意味になるように，（　）内の動詞から派生した語を下線部に書きなさい．

1) 死にかけている兵士 un soldat ＿＿＿＿＿＿＿＿＿＿ (mourir)

2) 枯葉 des feuilles ＿＿＿＿＿＿＿＿＿＿ (mourir)

3) 熱湯 de l'eau ＿＿＿＿＿＿＿＿＿＿ (bouillir)

4) ゆでたジャガイモ des pommes de terre ＿＿＿＿＿＿＿＿＿＿ (bouillir)

5) 骨の折れる仕事 un travail ＿＿＿＿＿＿＿＿＿＿ (fatiguer)

6) 疲れた顔 une mine ＿＿＿＿＿＿＿＿＿＿ (fatiguer)

7) 複合語 un mot ＿＿＿＿＿＿＿＿＿＿ (composer)

8) 構成要素 des éléments ＿＿＿＿＿＿＿＿＿＿ (composer)

9) 答えに困る質問 une question ＿＿＿＿＿＿＿＿＿＿ (embarrasser)

10) 困った様子 un air ＿＿＿＿＿＿＿＿＿＿ (embarrasser)

11) サービス料込み service _____ (comprendre)

12) 面白い映画 un film _____ (amuser)

13) 著名なエコノミスト un économiste bien _____ (connaître)

Exercices II

以下の項目について下線部に選択肢から適当な語を選んで入れ，定義を完成させなさい．選んだ語は必要に応じて形を変化させなさい．同じ選択肢は2度用いないこと．

選択肢 accompagner, appareil, partie, permettre, préparer, sentiment, servir

1) GRIPPE *n. f.* Maladie contagieuse, caractérisée par de la fièvre, souvent _____ de rhume

2) HAINE *n. f.* _____ violent d'hostilité ou de répugnance

3) MOUSTACHE *n. f.* _____ de la barbe qui pousse sur la lèvre supérieure

4) POTAGE *n. m.* Bouillon _____ soit avec des légumes, soit avec de la viande

5) VOITURE *n. f.* Véhicule _____ à transporter les personnes ou les marchandises

6) TÉLÉPHONE *n. m.* _____ qui _____ une conversation entre deux personnes éloignées.

Matrice

以下の語の辞書の項目を自分で書きなさい．書き終わってから，仏仏辞典を引いて自分の書いたものと比べなさい．

項目例：miroir（鏡），courage（勇気），gâteau（ケーキ），briquet（ライター）

___(項目)___ : ___[範疇を表す名詞句]___ ｛形容詞／現在分詞／過去分詞／関係代名詞など｝ ___[名詞句の修飾部分]___

Thèmes　定義に使われる典型的な表現

それぞれ文末の（　）内の動詞を使いなさい．

(1) O. M. S.* は世界保健機構 (Organisation mondiale de la santé) のことである．(signifier)
　* 英語では WHO (World Health Organization)

(2) 国際公法 (le droit international public) とは，国家間 (entre États) の関係を定める (régir) 法である．(se définir comme)

(3) 水と完全には反応しない酸を弱酸 (acide faible) と呼ぶ．(appeler)

Leçon 9

手紙の書き方

Modèle ［手紙］（関係代名詞 que・dont，単純未来）

> Nîmes, le 1er septembre 2002
>
> Chère Morgane,
>
>   Veux-tu nous faire le plaisir de venir à une soirée que j'organiserai samedi 14 à la maison ? Il y aura beaucoup de gens que tu connais. Ma cousine Florence, dont je t'ai parlé et qui rentre d'Afrique, nous racontera ses aventures.
>   Avec mes amitiés,
>
>   Patrice

Montpellier, le 3 septembre 2002

Cher Patrice,

J'accepte avec plaisir ton aimable invitation pour le 14. Je serai très heureuse de passer une agréable soirée avec vous et de faire la connaissance de ta cousine.
Toutes mes amitiés,

Morgane

ポイント　手紙の書き方

Matrice

Morgane が招待に応じられない場合を想定し，次の下線部を埋める形で Patrice に断りの返事を書きなさい．欠席の理由は自分で自由に考えなさい．

_____（発信地）_____, le _____（日付）_____

Cher _____（名宛人名）_____,

Je suis désolée. Ton invitation est très aimable et m'a fait plaisir. Mais _____（断りの理由）_____.
Je te remercie de ta gentillesse et excuse-moi pour le 14.
_____（結びの言葉）_____,

_____（差出人名）_____

Exercice　**文体の違いに注意する**（条件法，中性代名詞，命令法）

Modèle よりも改まった感じの以下の手紙を読みなさい．また最初の手紙に承諾の返事を書きなさい．

Dijon, le 11 mars 2003

Chère Madame,

Puisque vos affaires vous conduisent à Dijon, voudriez-vous nous faire le plaisir de venir dîner à la maison, vendredi 28 vers 19 h 30 ? Anne et moi en serions ravis. Nous avons ce soir-là à notre table la Présidente du Conseil régional de Bourgogne et nous pensons que vous serez heureuse de la rencontrer. Comme vous, elle a vécu au Japon dans les années 90.
Croyez, chère Madame, à mes sentiments les meilleurs.

Christian Duroy

Besançon, le 14 mars 2003

Cher Monsieur,

J'aurais été très heureuse de me rendre à votre aimable invitation et de rencontrer la Présidente, mais cela ne m'est pas possible : j'ai promis, il y a longtemps déjà, de me rendre, dans la soirée du 28, à une réception donnée par des amis qui fêtent leurs noces d'argent.

Avec tous mes regrets, recevez, cher Monsieur, l'assurance de mon meilleur souvenir.

Sylvie Masson

Thèmes 無生物主語

（　）内の動詞を用いなさい．

(1) 彼女はこの事故のせいで時間通りに到着できなかった．(empêcher)

(2) 私にはその家を買う資力 (moyens) がない．(permettre)

(3) 彼がいたせいで仕事が難しくなった．(rendre)

(4) 彼女が黙っているので皆が気をもんでいる．(inquiéter)

Leçon 10

主語倒置構文

Modèle [数学クイズ]（受動態，関係代名詞 lequel）

Voici un jeu télévisé américain.

Il y a deux acteurs : un animateur et un candidat. Derrière eux, trois portes. Derrière chacune de ces portes sont placés au hasard une voiture et deux moutons. Le candidat ne voit pas ce qui est derrière chaque porte. Il doit essayer de désigner la porte derrière laquelle est la voiture. Dans ce cas, il la gagne. Il se place donc devant une porte mais sans l'ouvrir. L'animateur qui connaît la place de la voiture ouvre une des deux autres portes derrière laquelle se trouve un mouton. Il propose ensuite au candidat de maintenir son premier choix ou de changer de porte.

Le candidat a-t-il intérêt à maintenir son premier choix ou à changer de porte ? Ou bien cela n'a-t-il aucune importance ?

（解答は巻末参照）

ポイント　主語倒置構文

Modèle の文章の3行目第4文 (Derrière chacune de ces portes sont placés ...)，7行目第6文 (... derrière laquelle est la voiture)，10行目第9文 (... derrière laquelle se trouve un mouton) では，疑問文ではないのに主語と動詞の倒置が行われている．このような本来の語順からはずれた主語倒置文で使われる主語は，一般に新しい情報を担ったり，重要な要素となる傾向がある．また主語倒置は主節よりは従属節で多く見られる．

Exercices　倒置された主語に注意して読みなさい．

1) Le jour, unité de base de nos calendriers, correspond au temps que met la Terre pour faire un tour sur elle-même.

2) Le manque d'eau que connaissent déjà beaucoup de pays va inévitablement s'aggraver dans le futur.

3) À l'intérieur d'une vaste enceinte s'élèvent le temple du Soleil, le temple de la Lune, la tour centrale, ainsi que les archives.

4) *Gallia* est le nom que donnent les Romains à la région habitée par les Celtes entre le Rhin, les Alpes, la Méditerranée, les Pyrénées et l'Océan.

5) ［新聞の死亡記事の一部］（単純過去）

　　Shûsaku Endo fut* le premier écrivain à chercher à affronter la question de ce que représente la foi chrétienne pour un Japonais.

　＊この記事は作家遠藤周作の死を報じ，彼の業績について述べている．死亡によって過去の人となったので歴史上の人物扱いにし，現在とは切り離された別世界の過去をあらわす単純過去が使用されている．

6) ［論説文］

　　La loi que nous avons établie dans notre précédent chapitre nous est doublement utile. Outre qu'elle a confirmé les principes sur lesquels repose notre conclusion, elle nous permet d'établir la généralité de cette dernière*.

* cette dernière : notre conclusion を指す.

(Durkheim, *De la Division du Travail social*)

7) ［小説］（単純過去）

　　Peu de temps après, un page vint annoncer que deux inconnus, à défaut du seigneur absent, réclamaient tout de suite la seigneuresse*.

　　Et bientôt entrèrent dans la chambre un vieil homme et une vieille femme, courbés, poudreux, en habits de toile, et s'appuyant chacun sur un bâton.

　　Ils s'enhardirent et déclarèrent qu'ils apportaient à Julien des nouvelles de ses parents.

* seigneuresse :（古語で seigneur の女性形）領主の奥方

(Flaubert, *La Légende de Saint Julien l'Hospitalier*)

8) ［小説］謀略を使って女子修道院に進入しようとしている Jules と兵士達（単純過去）

　　Suivant l'usage, il donna son nom sur un morceau de papier ; un soldat alla porter ce nom à la tourière*, qui avait la clef de la seconde porte, et devait réveiller l'abbesse dans les grandes occasions. La réponse se fit attendre trois mortels quarts d'heure ; pendant ce temps, Jules eut beaucoup de peine à maintenir sa troupe dans le silence : quelques bourgeois commençaient même à ouvrir timidement leurs fenêtres, lorsqu'enfin arriva la réponse favorable de l'abbesse.

* tourière : 受け付け係の修道女

(Stendhal, *L'Abbesse de Castro*)

Thèmes

comme を用いて表現しなさい．

(1) 彼女は国立劇場の支配人として有能である．

(2) 皇太子妃はスターのように迎えられた．

Leçon 11

句読点

Modèle [会話]（条件法，ジェロンディフ，接続法）

C : client
E : employé d'une agence de voyage

C : Bonjour, monsieur. Je voudrais avoir des renseignements pour les vacances d'été.
E : Je vous en prie, monsieur.
C : Je voudrais vous poser une question inhabituelle. Je connais déjà Paris : l'Arc de Triomphe, Notre-Dame, la Tour Eiffel, le Musée du Louvre et d'autres « symboles » touristiques fameux, mais maintenant, j'aimerais connaître la France des villages, des campagnes et des villes moins connues.
E : Si vous n'êtes pas pressé, je vous conseillerais alors de pratiquer une nouvelle forme de tourisme qui réponde à votre attente : les « vacances artisanales ».
C : Qu'est-ce que c'est, les « vacances artisanales » ?
E : Vous pratiquez une activité traditionnelle tout en vous plongeant dans la nature. Par exemple, si la céramique vous intéresse, alors vous pourrez vous initier facilement à cette technique et en même temps bronzer à la plage.

C : Vous pouvez me parler des autres possibilités de ce nouveau type de tourisme ?

E : Bien sûr. Parmi les autres formes de « vacances artisanales », il faut citer la fabrication de tissus dans un village de vacances en Rhône-Alpes, l'initiation au parfum sur la Côte d'Azur.

C : Est-ce qu'il y a des possibilités de promenade à cheval ?

E : Les itinéraires à cheval sont une des solutions qui ont le plus de succès. Ils sont possibles en particulier en Camargue.

ポイント 　**句読点 (signes de ponctuation)**

文の終わりを示す **.** (point) や, 疑問文につく **?** (point d'interrogation), 括弧の « » (guillemets) はすでにお馴染みだろう．以下では特に注意を要する句読点の用法だけをとりあげる．

1) **,** (virgule)
   - i) 文中の区切りを示す．
     - 例) Ce qui est difficile, c'est de la persuader.
   - ii) 小数点を表す．（日本語とは違って．は使わない．）
     - 例) 日本語の 65,374.31928（六万五千三百七十四点三一九二八）は，フランス語では 65 374, 319 28 と表記する．
       （読み方は　soixante-cinq mille trois cent soixante-quatorze virgule trois cent dix-neuf vingt-huit)

2) **:** (deux points)
   - i) 引用の前に置く．
     - 例) Alain m'a demandé : « Que cherchez-vous ? »
   - ii) 前に述べた内容の具体例を導く．
     - 例) J'ai trois amies : Anne, Pauline et toi.
   - iii) 前文の具体的説明・まとめ・結果を導く．
     - 例) L'espérance de vie des Japonais a beaucoup augmenté : elle atteint en moyenne 85 ans pour les femmes et 78 ans pour les hommes.
   - iv) 割り算のしるし．（日本語とは違って÷は使わない．）
     - 例) 16 : 4 = 4 (16 divisé par 4 égale 4 と読む．)

3) **;** (point-virgule)
   　, と．の間の中間的区切りを示す．
   - i) 文中の区切りを示す．特にすでに, が使用されている時に用いる．
     - 例) J'ai dormi dans l'herbe, au soleil ; dans les greniers à foin, la nuit.　　　　　　　　　　　　　(Gide)
   - ii) 前文との対立・比較・対照などを表す．
     - 例) Il a refusé ; moi, j'ai accepté.

Thème

；か：のどちらかを用いなさい．

白い光は 3 つの光だけを加える (additionner) ことで得られます．すなわち赤，緑，青です．

Exercices

Modèle の文章の内容と一致するものには Vrai，一致しないものには Faux と答えなさい．

1) Le client s'intéresse peu aux monuments touristiques célèbres.

2) Le client veut se reposer tranquillement sans rien faire de spécial.

3) Les activités traditionnelles sont difficiles à pratiquer à la campagne.

4) Le client demande à l'employé de lui parler des dates de départ pour les « vacances artisanales ».

5) L'employé propose au client plusieurs activités dans diverses régions.

6) Beaucoup de touristes sont déjà montés à cheval pendant leurs « vacances artisanales ».

Leçon 12

呼応表現

Modèle [受験用ガイドブック]（使役，中性代名詞）

Tout examen est naturellement associé à la peur et à l'angoisse. C'est ce que nous appelons un conditionnement.

De plus, la personne qui fait passer l'examen représente le symbole d'une certaine autorité ; elle a le droit de juger, de donner une récompense ou de la refuser.

La peur ou l'angoisse s'associent donc non seulement à l'examen en tant qu'épreuve mais aussi à l'autorité qui fait subir cet examen.

C'est pourquoi on rencontre des gens qui, aux épreuves orales, c'est-à-dire dans un face à face avec l'autorité, se laissent complètement priver de leurs moyens et qui deviennent totalement paralysés. Or le candidat qui connaît ces troubles n'y peut rien ; il ne peut se maîtriser. Son cœur bat vite, ses mains deviennent moites, son estomac se noue et pourtant il ne peut y apporter de remède.

Le raisonner, le rassurer, lui expliquer, lui démontrer qu'il a tort de paniquer ne sert à rien. C'est normal, car le raisonnement, la pensée logique, n'ont que peu d'influence lorsque ce sont les émotions qui dominent.

ポイント　呼応表現

　Modèle の文章の中で 8 行目 non seulement と 9 行目 mais aussi は呼応する表現である．つまり non seulement が現れれば，続く文章のどこかに必ず mais (aussi) がある．だから non seulement を見つけたら，mais (aussi) の出現を期待して読み進め，その後には先の non seulement の後の要素と対になるものが書かれていると考えるのがよい．このような呼応表現は文章の構造を読みとく手がかりになる．またフランス語を書く時にこれらの表現を積極的に活用することで，文と文の間の論理的な関係がわかりやすい文章になる．

Exercices I

　以下の 3 つの文章中にある空欄に，選択肢の中から適当な呼応表現を選んで入れなさい．同じ選択肢は 2 度用いないこと．なお選択肢では文頭にくる語も小文字で始めてある．

　　選択肢　certes, d'autre part, d'une part, mais, mais encore, non seulement

1) ［新聞記事］

　　Nous assistons à un changement radical entre, [1] , l'évolution des nouvelles technologies de l'information et, [2] , la notion de progrès de la société.

2) ［新聞記事］

　　Le terrorisme s'alimente des crises qui s'accumulent dans le monde arabe.　[3] , les États-Unis ne sont pas comptables de toutes les tragédies de cette zone, [4] comme « seule superpuissance » mondiale, ils portent la responsabilité de nombreux drames.

3) ［新聞記事］

　　La Russie est riche, [5] grâce à ses ressources

naturelles, [6] en raison du niveau d'éducation de sa population.

Matrice I

Exercices I の 3) をまねて，事実観察とその理由を 2 つ挙げる文を書きなさい．

_____(事実観察の文)_____ , non seulement grâce à _____[名詞句]_____ , mais encore en raison de _____[名詞句]_____ .

> ヒント：grâce à は好ましい原因（〜のおかげで）の場合に使う．悪い原因（〜のせいで）の時は à cause de に書き換えねばならない．en raison de は善し悪し関係なしに原因・理由を述べる時に使える．

Exercice II 物事を順序立てて述べる時の表現

一般に物事を列挙する時に，最初にくる要素は d'abord で，2 番目の要素は ensuite で，そして最後の要素は enfin でマークする．3 番目以降と最後の間に要素がある時には，puis, et puis, en outre, de plus（これとよく似た en plus は会話的な表現で，書き言葉では不適当）などを入れることがある．
下線部に注意して読みなさい．

[手紙]

Au milieu de votre bonheur, monsieur, j'ai toutes sortes de petits malheurs. <u>D'abord</u>, j'ai la grippe ; <u>ensuite</u>, à côté de moi, un de mes petits garçons est indisposé. <u>Enfin</u> un de mes excellents amis, M. Ourliac, qui est sans doute aussi un des vôtres, se marie le même jour que vous, ce dont je serais charmé si je ne me sentais tout embarrassé par le double devoir d'être à la fois à vous et à lui.

(Hugo)

Matrice II

Exercice II の手紙をまねて，自分の小さな幸せ（もしくは不幸）の体験を 3 つ述べなさい．

J'ai toutes sortes de petits { bonheurs / malheurs }.
D'abord, _____ ; ensuite, _____
_____ . Enfin _____ .

Leçon 13

体験を物語る

Modèle 　［散文詩］子供が劇場へ行った体験を語る（指示代名詞 celui）

> Hier on m'a mené au théâtre. Dans des palais grands et tristes, au fond desquels on voit la mer et le ciel, des hommes et des femmes, sérieux et tristes aussi, mais bien plus beaux et bien mieux habillés que ceux que nous voyons partout, parlent avec une voix chantante. Ils se menacent, ils supplient, ils se désolent, et ils appuient souvent leur main sur un poignard enfoncé dans leur ceinture. Ah, c'est bien beau ! Les femmes sont bien plus belles et bien plus grandes que celles qui viennent nous voir à la maison, et, quoique avec leurs grands yeux creux et leurs joues enflammées elles aient l'air terrible, on ne peut pas s'empêcher de les aimer. On a peur, on a envie de pleurer, et cependant l'on est content... Et puis, ce qui est plus singulier, cela donne envie d'être habillé de même, de dire et de faire les mêmes choses, et de parler avec la même voix...
>
> (Baudelaire,
> 　« *Les Vocations* » dans *Le Spleen de Paris*)

ポイント 自分の体験を物語る．

Matrice

　　　Hier on m'a mené à ＿＿（場所）＿＿. もしくは Hier je suis allé(e) à ＿＿（場所）＿＿. という書き出しで，どこかへ出かけた自分の体験を語りなさい．文章中に Ah, c'est bien ＿＿＿＿！と Et puis, ce qui est plus ＿＿＿＿, ＿＿＿＿. の形の2文を入れなさい．Modèle の文章の構造を出来るだけまねて書くこと．

Exercices 名詞と形容詞の結びつき

　　　与えられた日本語の描写にあてはまる形容詞を，選択肢から選んで下線部に入れなさい．その際に形容詞の性・数の一致にも気をつけなさい．同じ選択肢は2度用いないこと．

　　選択肢 allongé, carré, creux, éloigné, exorbité, plein, pyramidal, rapproché, rond, triangulaire

1) 長い顔　visage ＿＿＿＿＿＿＿＿＿＿＿＿

2) 丸い顔　visage ＿＿＿＿＿＿＿＿＿＿＿＿

3) 角張った顔　visage ＿＿＿＿＿＿＿＿＿＿

4) 三角形の顔　visage ＿＿＿＿＿＿＿＿＿＿

5) 逆三角形の顔　visage _____

6) 寄り目　yeux _____

7) 離れた目　yeux _____

8) 飛び出た目　yeux _____

9) ふくらんだ頬　joues _____

10) こけた頬　joues _____

Thèmes　接続法を導く語句

à moins que, bien que, pour que をそれぞれ 1 回ずつ使いなさい.

(1) 私のバラは，毎朝窓際に置いているのに生長しない.

(2) 雨が降らない限り，我々は日曜日には外出しよう.

(3) 責任者は全員が満足するように，できることはすべて行う.

Leçon 14

主題文

Modèle　[論説文]

　　L'introduction de la photo dans la presse est un phénomène révolutionnaire. Elle change totalement la vision des masses. Jusqu'alors, l'homme ordinaire ne pouvait visualiser que les événements qui se passaient tout près de chez lui, dans sa rue, dans son village. Avec la photographie, une fenêtre s'ouvre sur le monde entier. Les visages des personnages célèbres, les événements qui ont lieu loin de chez lui, même en dehors des frontières, deviennent familiers. Avec l'élargissement du regard, le monde devient de plus en plus petit.

ポイント　**論理的な文章の構造（1）：主題文**

　論説文ではその文章の主題（何についての文章か）を明確に表現する文を，冒頭に置くことが多い．

Exercice

冒頭の第 1 文（ゴチック体の部分）の内容が以下の部分でどのように展開されているかを考えながら読みなさい．

［歴史書］古代の宗教について

La religion domestique se transmettait par le sang, de mâle en mâle. La descendance en ligne masculine établissait seule entre deux hommes le rapport religieux qui permettait à l'un de continuer le culte de l'autre. Ce qu'on appelait la parenté n'était pas autre chose, comme nous l'avons vu plus haut, que l'expression de ce rapport. On était parent parce qu'on avait un même culte, un même foyer originaire, les mêmes ancêtres. Mais on n'était pas parent pour être sorti du même sein maternel ; la religion n'admettait pas de parenté par les femmes. Les enfants de deux sœurs ou d'une sœur et d'un frère n'avaient entre eux aucun lien et n'appartenaient ni à la même religion domestique ni à la même famille.

(Fustel de Coulanges, *La Cité antique*)

Thèmes

même を用いて表現しなさい．

(1) 大使は彼女の名前さえ覚えていない．

(2) 参加者は全員同じ意見だ．

(3) 犯人たちは自分たちでこの仕事をやるでしょう．

Matrice

Modèle の文章をまねて，新しいモノの登場が世の中を変えた文章を作りなさい．

L'introduction de ＿＿＿（モノの名）＿＿＿ ＿＿＿（場所）＿＿＿ est un phénomène révolutionnaire．{Il(s)/Elle(s)} change(nt) ＿＿＿＿＿．Jusqu'alors, ＿＿＿［半過去形の文］＿＿＿．Avec ＿＿＿（モノの名）＿＿＿, ＿＿＿［現在形の文］＿＿＿．＿＿＿［現在形の文］＿＿＿．Avec ＿＿（現象を表す語句）＿＿, ＿＿＿［現在形の文］＿＿＿．

Leçon 15

結論文

Modèle [論説文]（強調構文，疑問形容詞 quel，関係代名詞 où）

Les examens sont des exercices de volonté. En cela ils sont tous beaux et bons. Ceux qui s'excusent de ce qu'ils sont timides, troublés, vidés par l'angoisse s'excusent très mal ; ces fautes, de trop espérer, de trop craindre, enfin de ne point se gouverner virilement, sont les plus grandes fautes et peut-être les seules fautes. Je passerais encore sur l'ignorance, ou, mieux, je chercherais ce que le candidat sait, et je le pousserais là-dessus. Mais devant un garçon ou une fille qui sait, qui dirait bien, et qui se trouve paralysé par une grande peur, quelle opinion voulez-vous que j'aie ? Il est trop facile de raisonner bien quand on n'a rien à gagner ni à perdre. Que l'on commence par là, c'est très bien. L'école est belle à voir parce que les fautes n'y ont point de grandes conséquences ; ce n'est qu'un peu de papier perdu. Mais qu'un garçon qui a fait cent problèmes de mélanges, et qui n'y trouve plus de difficultés, soit capable, au jour de l'examen, de déraisonner en ces mêmes problèmes, ou que, trouvant d'abord la solution correcte, il soit pris soudain comme de vertige, et gâte tout, voilà d'humiliantes expériences. De même un tireur qui s'est exercé très bien sur des sangliers de carton, le jour où il doit sauver sa vie, c'est ce jour-là qu'*il tire à côté*. Savoir, et ne point faire usage de ce qu'on sait, c'est pire qu'ignorer. **L'ignorance n'est rien ; elle ne fait connaître aucun vice de l'esprit ; au contraire la faute par émotion fait paraître un esprit inculte, et je dirai même un esprit injuste.**

(Alain, *Propos sur l'Éducation*)

ポイント　論理的な文章の構造 (2)：結論文

　論説文では冒頭で示された主題に対し，その結論を最後の文で明確に述べるパターンが多い．

Exercice I

Modèle の第1文の内容が，以下の部分でどのように展開して最後の文にたどり着ているかを考えなさい．

Exercice II

冒頭の1文と最後の2文（ゴチック体の部分）に注目し，その間の議論の展開の仕方を吟味しなさい．

［論説文］

La guerre est le fruit de la dépravation des hommes : c'est une maladie convulsive et violente du corps politique ; il n'est en sûreté, c'est-à-dire dans son état naturel, que lorsqu'il jouit de la paix ; c'est elle qui donne de la vigueur aux empires ; elle maintient l'ordre parmi les citoyens ; elle laisse aux lois la force qui leur est nécessaire ; elle favorise la population, l'agriculture et le commerce ; en un mot, elle procure au peuple le bonheur qui est le but de toute société. La guerre, au contraire, dépeuple les États ; elle y fait régner le désordre : les lois sont forcées de se taire à la vue de la licence qu'elle introduit ; elle rend incertaines la liberté et la propriété des citoyens : elle trouble et fait négliger le commerce ; les terres deviennent incultes et abandonnées. **Jamais les triomphes les plus éclatants ne peuvent dédommager une nation de la perte d'une multitude de ses membres que la guerre sacrifie. Ses victimes même lui font des plaies profondes que la paix seule peut guérir.**

(Diderot, *Encyclopédie : article Paix*)

Matrice

冒頭に主題文,末尾に結論文をおいた論説文を書きなさい.その際 Modèle の文章をできるだけまねなさい.

Appendice

●Leçon 2, Modèle のクイズの答え

Réponse

Pour que le partage soit équitable, le voyageur qui a apporté deux pains reçoit un euro, celui qui a apporté trois pains reçoit quatre euros.

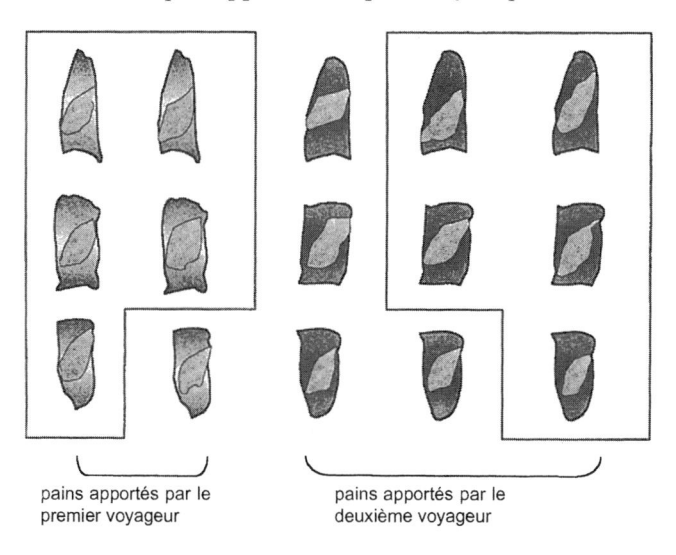

pains apportés par le premier voyageur

pains apportés par le deuxième voyageur

●Leçon 5, Exercice(4) の答え

C'est la réponse 3 qui est la bonne.

証明1

État initial : x et y. Soit α un nombre réel* compris entre 0 et 1.

À la suite de la première action, on a x- α x et y+ α x.

À la suite de la deuxième action, on a x- α x+ $\frac{\alpha}{1+\alpha}$ (y+ α x) dans le verre d'eau et y+ α x- $\frac{\alpha}{1+\alpha}$ (y+ α x) dans le verre de vin, soit x($\frac{1}{1+\alpha}$)+ y($\frac{\alpha}{1+\alpha}$) pour le verre d'eau et x($\frac{\alpha}{1+\alpha}$)+y($\frac{1}{1+\alpha}$) pour le verre de vin. Donc il y a autant en proportion dans les deux verres.

* nombre réel : 実数

次のような考え方もある．

証明2

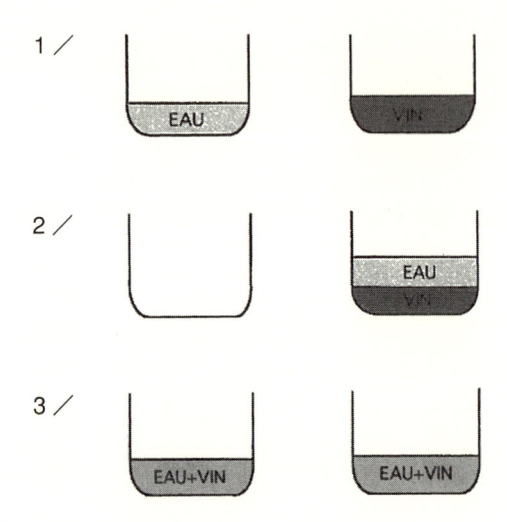

1／ 　　　　　EAU　　　　　　　VIN

2／ 　　　　　　　　　　　　　　EAU
　　　　　　　　　　　　　　　　VIN

3／ 　　　　EAU+VIN　　　　　EAU+VIN

● **Leçon 10, Modèle** のクイズの答え

Réponse

A première vue, il semble inutile que le candidat change de porte, puisqu'il reste un mouton et la voiture ; le candidat a donc une chance sur deux de gagner. Mais non ! Il est préférable de changer de porte. La stratégie qui consiste à changer de porte a deux fois plus de probabilité d'être gagnante que d'être perdante. En voici la démonstration.

Soit C l'événement « avoir un mouton derrière la porte » et A l'événement « avoir la voiture derrière la porte ». La probabilité pour que C soit réalisé lors du premier placement du candidat est : P (C) = 2/3. Et donc P(A) = 1/3.

Lorsque C est réalisé, le fait de changer de porte fait gagner.
Lorsque A est réalisé, le fait de changer de porte fait perdre.

Donc, la probabilité de gagner en changeant de porte est égale à P(C) : soit 2/3. La probabilité de perdre en changeant de porte est égale à P(A) : soit 1/3

この解答は分かりにくい部分があるので，東京理科大学理学部数学科助教授の加藤圭一先生に，以下のような簡単な解説を書いていただいた．参考にしていただきたい．

この問題のトリックは，一旦挑戦者が扉を選択した後で，司会者が羊のいる扉を開けるところにある．そのとき残っているのは，羊1，車1だから，一見勝つ確率が1/2のように思わせているのである．しかし落ち着いて考えてみると，もし扉を変えない場合の勝ち負けは，司会者が羊のいる扉を開けようが開けまいが最初にどの扉を選んだかで決まっている．即ち，扉を変えない場合，車のある扉の前に立つ確率は，1/3，羊のいる扉の前に立つ確率は2/3である．

一方，扉を変える場合はどうだろうか．最初に車のある扉の前に立っているとすると羊のいる扉に移る．羊のいる扉の前に立っているとすると，残りの扉は羊1，車1であるが，司会者が羊のいる扉を開けるので，車のある扉へ移ることになる．つまり，最終的に車のある扉の前にいるためには1回目の選択では羊のいる扉を選んでいる必要があり，その確率は2/3である．したがって扉を変えた場合，扉を変えない場合と確率が逆転し，最終的に車のある扉の前に立つ確率は2/3，羊のいる扉の前に立つ確率は1/3となる．

以上から扉を変えたほうが有利である．

大学生のためのフランス語
──文から文章へ，模倣から
創造へ，読解から表現へ

大阪府立大学　高垣　由美　著

定価（本体1800円＋税）

2002. 3. 20　初版印刷
2002. 4. 1　初版発行

発行者　井田洋二

発行所　〒101-0062 東京都千代田区神田駿河台3の7
　　　　電話　03 (3291) 1676　FAX 03 (3291) 1675
　　　　振替　00190-3-56669

株式会社　駿河台出版社

製版　欧友社／印刷・製本　三友印刷
ISBN 4-411-01332-0 C1085 ¥1800E
http://www.surugadai-shuppansha.co.jp